AF221047

Ulm

lieben lernen

*Der perfekte Reiseführer für einen unvergessli-
chen Aufenthalt in Ulm inkl. Insider-Tipps und
Packliste*

Maria Busemann

✈ INHALT

Das erwartet Sie in diesem Buch

VORWORT

In Ulm, um Ulm und um Ulm herum. Kennen Sie diesen Zungenbrecher vielleicht noch aus Ihrer Kindheit? Ich kann mich noch gut daran erinnern, wie ich als kleines Mädchen immer und immer wieder übte, ihn fehlerfrei auszusprechen. Je schneller ich war, umso stolzer war ich.

Dass ich mich gute 25 Jahre später, noch dazu als echtes "Frankfurter Mädche", in diese Stadt verlieben würde und bis heute zu meiner absoluten Lieblingsstadt zähle, konnte ich damals natürlich noch nicht wissen.

Wie es dazu kam und was den besonderen Reiz der Donaustadt ausmacht, möchte ich Ihnen hier gerne erzählen. Ich lade Sie ein, mitzukommen auf eine kleine Reise durch mein wunderschönes Ulm und wie ich diese Stadt und ihre Bewohner lieben lernte.

Meine Geschichte fing vor rund 12 Jahren an. Damals beschloss ich, reiselustig wie ich war, in die Nähe von Ulm zu ziehen. Bis dato wusste ich nur das Übliche über Ulm. Das, was eben zum Allgemeinwissen

dazu gehörte. Dass die Stadt an der Donau liegt, dass sie das Ulmer Münster beherbergt und dass die Schwaben komische Dinge wie Linsen mit Spätzle oder Krautschupfnudeln essen.

Als ich das erste Mal nach Ulm fuhr, nahm ich mir also bewusst Zeit, die Stadt auf mich wirken zu lassen. Ich schlenderte durch die Gassen, lief ein Stück die Donau entlang und setzte mich zu guter Letzt in ein Café auf dem Münsterplatz. Von dort aus hatte ich einen wunderbaren Blick auf das Ulmer Münster und das bunte Treiben rundherum. Mit jeder Minute, die ich dort verbrachte, fühlte ich mich wohler und ich begann, die Donaustadt Stück für

Stück weiter zu erkunden.

Im Laufe der Zeit kam ich zu dem Entschluss, dass schon allein durch die Vielfältigkeit Ulm zu den schönsten Städten Deutschlands zählen sollte. Auf der einen Seite hat sie den Charme einer wunderschönen Kleinstadt, mit ihren alten Gebäuden, der unglaublich vielfältigen Natur, der Nähe zur Donau und der Ruhe, die sie ausstrahlt.

Auf der anderen Seite hat Ulm jedoch den Flair einer Großstadt, mit ihren zahlreichen Cafés, Restaurants, Bars, den vielfältigen Einkaufsmöglichkeiten, der Universität und den vielen Veranstaltungen.

Alles in allem hat man hier den Komfort und die Bequemlichkeit einer Großstadt und den Erholungswert eines kleinen Dorfes im Grünen. Ob man alt oder jung ist, ob man Action sucht oder Erholung, jeder kommt hier auf seine Kosten.

In Ulm, um Ulm und um Ulm herum

Zugegeben, aufgrund seiner geringen Größe hat man Ulm nicht unbedingt als typisches Reiseziel auf dem Radar. Und auch auf den Top 10 Listen der schönsten deutschen Städte ist die Donaustadt meist nicht zu finden. Doch Ulm bietet weitaus mehr, als Sie denken.

Möchten Sie einmal im schiefsten Hotel der Welt schlafen, die größte evangelische Kirche

Deutschlands bestaunen, sich mit Hunderten in die Donau stürzen, oder die Donau durch Laternen und Feuerwerk hell erleuchtet erleben, oder gar den höchsten Kirchturm der Welt besteigen? Dann kommen Sie unbedingt nach Ulm. Aber erst einmal ein wenig Geschichte...

GESCHICHTLICHES, DATEN UND FAKTEN

„Actum Hulman palatio regio in Dei nomine feliciter. Amen"

Dieser lateinische Satz läutete die Geschichte Ulms ein. Am 22. Juli 854 besiegelte König Ludwig eine Urkunde und sorgte somit für die erste schriftliche Erwähnung der Stadt.

Bis 1803 blieb Ulm eine freie Reichsstadt. Im Mittelalter webten und handelten die Ulmer so geschickt, dass ihre Stadt schon im 14. Jahrhundert anfing, große Reichtümer zu erwerben. In Ulmer Schachteln (Ein Einwegs-Bootstyp) steuerten sie die Donau hinunter und beförderten die Webereierzeugnisse der Stadt bis nach Wien.

Im 15. Jahrhundert war Ulm auf seinem

geschichtlichen Höhepunkt. Die Donaustadt stellte besondere Stoffe und Leinen her und schaffte es, diese nach Frankreich, Niederlande, Italien und bis nach England zu verkaufen. Der Handel mit Eisen, Holz und Wein brachte ihnen noch mehr Reichtümer ein. Noch heute wird den Ulmern große Geschäftigkeit nachgesagt.

Das 16. Jahrhundert verlief dagegen nicht mehr so gut. Rund 5000 Menschen fielen der Pest zum Opfer. Dazu kam, dass sich die Stadt mit 120.000 Gulden an einer Kriegsentschädigung für den Dreißigjährigen Krieg beteiligen musste, obwohl der Krieg die Stadtkasse schon sehr geschröpft hatte. Kaum hatte sich Ulm etwas davon erholt, wurde es 1688 von einem französischen Heer verwüstet und 1702 von bayrischen Truppen eingenommen.

Gegen Ende des 17. Jahrhunderts verließen viele Menschen die Stadt. Sie bestiegen in großen Wellen ihre Ulmer Schachteln und fuhren donauabwärts, in der Hoffnung auf ein besseres Leben im Südosten Europas. Die Auswanderung der Donauschwaben begann. Viele kehrten später in ihre alte Heimat zurück und heute Leben in Ulm zahlreiche ehemalige Donauschwaben. Dass die Geschichte Ulms eng mit ihnen verknüpft ist, kann man am Donauschwäbischen Museum, an einem Denkmal und den vielen Feiern zu ihren Ehren erkennen.

Während dieser Zeit wurde Ulm abwechselnd von verschiedenen Truppen besetzt, erlebte eine Missernte und verschuldete sich immer mehr. 1773 musste Ulm sich von seiner Herrschaft Wain trennen.

Im Jahr 1802 war es dann auch mit der Unabhängigkeit vorbei. Als Entschädigung für die verlorenen Gebiete links des Rheins, kommt Ulm zum Kurfürstentum Bayern und wird Hauptstadt der Provinz Schwaben. Doch auch dies hielt nicht lange. Durch einen Staatsvertrag zwischen Bayern und Württemberg wird Ulm gegen den Willen der Bevölkerung 1810 zu einer königlich-württembergischen Stadt. Die Grenze zu Bayern war von nun an die Donau.

Davor bildeten Ulm und Neu-Ulm eine Stadt. Es war Napoleon Bonaparte, der sie trennte. Noch heute ist sein Zitat „Napoleon ist an allem schuld " bekannt.

Für Ulm hatte dies fatale Folgen. Die Ulmer Gebiete jenseits der Donau gehörten nun nicht mehr zu ihnen. Die Stadt wurde von ihrem Hinterland abgeschnitten und verlor somit nicht nur Einwohner, sondern auch Handelsgüter.

Von der großen Bedeutung Ulms blieb also Anfang des 19. Jahrhunderts kaum etwas übrig. Die riesige und wohlhabende Reichsstadt wurde zu einer 12.000 Bewohner kleinen Provinzstadt. Aber die Ulmer wären keine echten Ulmer, wenn sie nicht schnell wieder ins Rampenlicht der Geschichte zurückkehrten.

Von 1842 bis 1859 entstand die riesige Bundesfestung. Diese wurde von über 8000 Arbeitern erbaut und besaß am Ende ihrer Fertigstellung 41 Festungswerke und einen Mauergürtel von neun Kilometern.

Dies alleine brachte schon eine wirtschaftliche Entwicklung. Zusammen mit dem Bahnanschluss im selben Jahr kam Ulm wieder auf die Beine. Ende des 19. Jahrhunderts entstanden dann einige große und bekannte Firmen. (Magirus, Wieland und Kässbohrer).1890 wurde dann das Ulmer Münster fertiggestellt und der neue Aufschwung der Stadt konnte gefeiert werden.

Ulm liegt an der Mündung der Flüsse Blau und Iller, welche in die Donau fließen. Es befindet sich am südöstlichen Rand der schwäbischen Alb. Ulm hat heute über 125.000 Einwohner und bildet einen eigenen Stadtkreis. Die Münsterstadt ist Sitz des Landratsamtes des Alb-Donau-Kreises.

Sie besitzt die jüngste Universität in Baden-Württemberg. Mittlerweile gilt diese als größter Arbeitgeber der Stadt. Die Ulmer sind übrigens sehr stolz auf ihre Universität. Und dies zu Recht. Das Kultusministerium sah nämlich 1962 eine Akademie für Ulm vor.

Ein Arbeitskreis bemühte sich unentwegt, es zu einer medizinisch-naturwissenschaftlichen Hochschule zu entwickeln. Im Dezember 1967 war es dann endlich soweit. Der Hochschule wurde von der Landesregierung Baden-Württemberg die Bezeichnung Universität Ulm verliehen und der Arbeitskreis war stolz auf seinen Erfolg.

Alle Studenten haben hier die Möglichkeit eine Sprachausbildung mit verschiedenen Fachrichtungen und Sprachen zu belegen. Die Uni arbeitet eng mit Unternehmen der Stadt zusammen. An der Universität Ulm und der Fachhochschule gibt es zusammen mehr als 10.000 Studenten. Vielleicht ist dies auch ein Grund für die vielen Bars, Kneipen und

Cafés in der Münsterstadt.

Der schwäbische Schriftsteller Thaddäus Troll schrieb einmal, dass sich ULM anhören würde, als hätte jemand einen Knödel im Mund, so richtig urschwäbisch eben.

Heutzutage könnte es sich nicht mehr ganz so urschwäbisch anhören, wenn es ein Ulmer ausspricht. Ein bunt gemischter Haufen aus über 140 verschiedenen Nationen lebt mittlerweile in der schönen Stadt an der Donau.

Es gibt sehr viele gute Motive, um nach Ulm zu ziehen. Die beiden häufigsten sind Studium und Arbeitsplatz.

Die Donaustadt besitzt heute 18 Stadtteile. Die meisten sind im Rahmen der Gemeindereform von 1970 entstanden. Das eigentliche Stadtgebiet wird aus Mitte, Oststadt, Böfingen, Eselsberg, Weststadt und Söflingen gebildet. Außerdem gehören zum Stadtgebiet Donaustetten, Eggingen, Einsingen, Ermingen, Gögglingen, Grimmelfingen, Jungingen, Lehr, Mähringen, Harthausen, Unterweiler und Wiblingen.

Ulm liegt in der gemäßigten Klimazone. Die Donaustadt hat eine Durchschnittstemperatur von 8,4

Grad Celsius. Ihr Niederschlagsdurchschnitt liegt bei 749 Millimeter pro Jahr.

Wenn man sie mit anderen Städten des Bundeslandes vergleicht, ist Ulm relativ kalt. Die Durchschnittstemperatur der Donaustadt liegt etwas unter den für diese Region typischen Werten. Die Hauptreisezeiten für die Donaustadt sind die Sommermonate, die Herbstferien und Weihnachten.

Übrigens ist Ulm laut einer Studie von 2007 Deutschlands gesündeste Stadt. Ich könnte mir vorstellen, dass es auch etwas mit der ruhigen und angenehmen Atmosphäre, welche die Donaustadt ausstrahlt, zu tun hat.

Zu den berühmten Persönlichkeiten der Stadt gehören der Physiker Albert Einstein, der Comedian Mike Krüger, die Schauspielerin Hildegard Knef, der Entertainer Harald Schmidt sowie die Widerstandskämpfer Hans und Sophie Scholl.

Die Schwaben

Sie wären ein „sehr eigenes Völkchen", hieß es vor meiner Abreise, und „dass es sicherlich schwer wird, dort Anschluss zu finden". Die Schwaben „wären ein wenig zurückhaltend und nicht ganz so aufgeschlossen Fremden gegenüber". Diese und weitere Sätze hörte ich als gut gemeinte Ratschläge aus meinem Verwandten und Bekanntenkreis. Mit einem etwas mulmigen Gefühl stand ich den Ulmern also vor meinem Umzug entgegen.

Zu meinem Glück bewahrheitete sich keine einzige dieser Aussagen. Ich durfte die Schwaben als ein sehr offenes und recht lustiges Völkchen erleben.

Egal wo ich hinging, ich wurde immer offen empfangen. Vielleicht nicht ganz so herzlich wie in manch anderen Gebieten, aber ich verspürte niemals Ablehnung. Meine besten Freunde kommen mittlerweile aus Ulm.

Was ich besonders an den Schwaben mag, ist ihre Art, das Leben so zu nehmen wie es ist. Der Ausdruck „Jetzt ischt's scho so", auf Hochdeutsch „jetzt ist es schon so", gefiel mir dabei besonders. Er bedeutet so viel wie, dass etwas jetzt schon passiert ist und man sich nicht verrückt machen soll. Irgendwie hat mich dieser Satz des Öfteren getröstet.

Ein Vorurteil allerdings trifft den Nagel auf den Kopf. Auf ihre Kehrwoche, ihre Knausrigkeit und sogar ihre Arbeitswut sind sie sehr stolz. Sie bezeichnen sich gerne als "Schafferle" und sind auch wirklich fleißig. Ihre Unterhaltungen beenden sie gerne mit " Schaffs no gut".

Kennen Sie den schwäbischen Dialekt? Überall wird ein "le" hinten drangehängt. Das Haus wird zum Häusle, das Mädchen zum Mädle und der Hund zum Hündle. Ich liebe den schwäbischen Dialekt und musste oft herzlich über die ein oder andere Ausdrucksweise lachen. Wenn der Schwabe sagt „heb das mal " meint er damit, man solle etwas festhalten und nicht etwa hochheben. Das kann schon mal zu Verwirrung führen.

Meine Arbeitskollegin fragte mich einmal, warum ich mir denn keinen "Kittel" überziehe, wenn ich frieren würde. Es dauerte einen Moment, bis ich kapierte, dass sie eine Jacke meinte. Wenn der Schwabe Ihnen in der kalten Jahreszeit übrigens einen Teppich anbietet, dann nehmen Sie ihn dankend an, sie meinen damit eine Decke.

Was mir als Hesse jedoch einige Schwierigkeiten bereitete, war die Art und Weise wie man in Ulm die Uhrzeit ansagt. Als mich meine Chefin einmal um „viertel achte" auf die Arbeit bestellte, war ich um viertel nach acht anwesend und sie um 7.15 Uhr. Zum Glück nahm sie es mit Humor.

Übrigens ist es ganz egal wo sie Arbeiten. Ob im Büro, in der Metzgerei oder im Kindergarten. Der Schwabe befindet sich immer im "Geschäft". Und lassen sie sich nicht dazu verleiten in der Bäckerei Brötchen oder Semmeln zu bestellen. Hier gibt es Wecken. Für alles andere bekommt man nur ein belustigtes Kopfschütteln.

Es gibt auch einige Bräuche in Ulm. Einer der

lustigsten ist wohl das "Christbaum loben" an Weihnachten. Der wichtigste Satz an diesen Feiertagen ist:

„So a scheaner Baum!!" Dies sagt man als Gast zu seinem Gastgeber, um den Baum zu loben. Sie antworten dann nicht etwa mit „Danke", sondern müssen einen Schnaps ausgeben. Und ja, JEDES MAL, wenn Sie diesen Satz hören. Sie können sich vielleicht vorstellen, wie verwirrt ich war, als ich das erste Mal schwäbsche Gäste zu Weihnachten hatte und diese mich nach dem dritten Mal "loben" erwartungsvoll und schon leicht enttäuscht anstarrten. Ich war verwirrt und dachte, dass vielleicht mit meinem Baum etwas nicht stimmte, sie von ihrer Seite aus dachten wahrscheinlich, ich wäre geizig. Zum Glück löste sich das Missverständnis im Laufe des Abends auf und noch heute müssen wir herzlich darüber lachen.

TOP 10 SEHENSWÜRDIGKEITEN

Hier eine Auswahl von den beliebtesten Sehenswürdigkeiten in Ulm und Umgebung.

Ulmer Münster

Das imposante Wahrzeichen Ulms ist eines der größten Gebäude im gotischen Stil in Süddeutschland. Es wurde zum Kulturdenkmal ernannt. Es ist nicht nur die größte evangelische Kirche in ganz Deutschland, sondern mit dem 1890 vollendeten, 161,53 Meter hohen Kirchturm besitzt sie den höchsten Kirchturm der Welt. Ich kann mich noch gut erinnern, als ich das erste Mal davorstand. Ich war fasziniert von der Größe und Schönheit dieses Gebäudes und wollte es unbedingt von innen sehen. Beim Besuch des Ulmer Münster können schon mal ein paar Stunden vergehen. Man möchte immer weiter schauen und alle Dinge bestaunen.

Hunderte von Einzelheiten sind an dieser Kirche sehenswert: Die Figuren über dem Hauptportal, die Türmchen an den Seitenpfeilern und noch vieles mehr. Im Inneren sind das Chorgestühl und die Glasmalereien besonders schön.

Der Grundstein des Münsters wurde schon 1377

gelegt. Zu dieser Zeit war Ulm noch freie Reichsstadt und römischkatholisch. Die Bürger entschlossen sich 1530 in einer Abstimmung für den evangelischen Glauben. Somit wurde das Münster zu einer evangelischen Kirche. Bis 1894 gehörte das Münster der Stadt Ulm. Danach ging es in den Besitz der evangelischen Kirchengemeinde über.

Bei schweren Luftangriffen auf Ulm im Jahre 1944 wurden 81% der schönen historischen Altstadt zerstört. Das Ulmer Münster blieb zum Glück fast komplett unversehrt.

Der Sage nach sollen die Ulmer beim Bau der Kirche einen besonders großen Balken transportiert haben. Sie schafften es aber einfach nicht diesen durch das Stadttor zu bringen. Als sie schon kurz davor waren das Tor einzureißen, sahen sie einen Spatzen, der einen Zweig im Schnabel trug, um sein Nest zu bauen. Dieser Spatz flog mit dem Zweig längst durch das Tor. Dies schauten sich die Ulmer ab und legten den Balken der Länge nach auf einen Karren, anstatt längst. Somit schafften sie es, ihren Balken zum Münster zu transportieren.

Ein Ulmer Konditor war so schlau und nutzte diese Sage als gute Idee, um sein Geschäft voranzutreiben. Der Ulmer Spatz wurde als inoffizielles Wahrzeichen der Münsterstadt geboren. Heute nennen nicht nur Ulmer Eltern ihre Kinder manchmal Spätzle, sondern Ulmer Spatzen heißt auch ein bekannter Ulmer Kinder und Jugendchor. Selbst die Fußballer des SSV werden so von den Ulmern genannt. Wenn Sie aufmerksam durch die Donaustadt laufen, werden sie an vielen Ecken, Häusern oder Schildern den Spatzen entdecken.

Das Münster veranstaltet das ganze Jahr über Klassik und Kirchenmusikkonzerte. Es kann 2000 Sitzplätze bereitstellen, wenn es normal bestuhlt wird. Alle zwei Jahre findet hier übrigens der Württembergische Landesposaunentag statt. Durch zusätzliche Sitzgelegenheiten haben dann sogar 4.500 Musiker samt ihrer Instrumente Platz. Die Besichtigung der Kirche an sich ist kostenlos. Es versteht sich von selbst, dass an Gottesdiensten oder Veranstaltungen keine Besichtigung möglich ist.

Wenn Sie sich mit einem eindrucksvollen Panorama Ulms und seiner Umgebung belohnen möchten, dann müssen Sie nur die 768 Stufen des Münsters hinaufsteigen.

Von dem oberen Drittel des Turmhelms haben

Sie dann eine wunderbare Aussicht. Mit ein bisschen Glück und strahlenden Sonnenschein kann man über Oberschwaben bis zu den Alpen schauen.

Die Besteigung des Turms ist für Kinder bis 7 Jahre kostenfrei. Jugendliche, Schüler und Studenten zahlen 3,50 Euro. Erwachsene zahlen 5,00 Euro. Ab 10 Personen gibt es einen Rabatt von 0,50 Cent pro Person.

Fischer und Gerberviertel

Für mich der schönste Ort in ganz Ulm. Hier schlägt das Herz der Münsterstadt.

Nirgendwo kann man den Alltag so schön vergessen, wie bei einem Spaziergang durch die fast verwunschen wirkende Welt des Fischer und Gerberviertels. Nur wenige Schritte südlich der modernen Stadtmitte ist es zu finden. Romantisch verwinkelte Gassen führen durch gut erhaltene und wunderschön restaurierte Fachwerkhäuser. Eng stehen hier die alten Häuschen, bunt bemalt, windschief und vom Alter gezeichnet.

Viele der Gebäude aus dem 15. bis 17. Jahrhundert stehen mit einem Teil ihres Fundaments direkt im Wasser. Weil der Untergrund im Laufe der Jahrzehnte nachgab, senkten sie sich langsam ab. Diese

Schieflage verleiht dem Fischerviertel seinen typischen Charme.

Das Viertel entstand auf einem der ältesten Siedlungsgebiete innerhalb der heutigen Stadtgrenzen. Mittlerweile laden viele kleine Boutiquen, Spezialitätengeschäfte und Galerien zum gemütlichen Bummeln ein. Und wer hungrig ist, kommt durch die zahlreichen Restaurants, Cafés und Kneipen voll auf seine Kosten. Übrigens kann man hier, wie der Name des Viertels schon ahnen lässt, wunderbar frischen Fisch essen.

Die Gassen des Viertels führen sie bis zur Stadtmauer. Dort eröffnet sich einen ein herrlicher Blick auf die Donau.

Zwei Flussarme der Blau schlängeln sich malerisch durch das Viertel. Dies war auch der Grund, weshalb sich im Mittelalter viele Fischer hier ansiedelten. Sie konnten in der Donau bequem mit ihren Booten den Fisch fangen und reich bestückt zurückkehren.

Die Lage am fließenden Wasser lockte auch viele Gerber an und so kam das Viertel zu seinem Namen. Mittlerweile wird es umgangssprachlich aber meist nur noch Fischerviertel genannt.

Heute ist es eine sehr beliebte Wohngegend. Am Wochenende lädt es durch seine vielen Kneipen und Restaurants zum Feiern ein. Dann kann es abends auch schon mal richtig voll werden in dem kleinen Viertel. Wer also gerne feiert, ist hier genau richtig. Das wohl interessanteste und meistbesuchte Gebäude im ganzen Viertel ist das schiefe Haus.

Schiefes Haus

„Schaffe, schaffe, Häusle baue" scheint hier ein wenig schief gelaufen zu sein.

Das schiefe Haus ist ein spätgotisches Fachwerkhaus, das am Fuße der Staufermauer an und über der Blau steht. Es trägt seinen Namen, da es eine Neigung von 9 bis 10° aufweist. Das Fundament des wohl meist fotografierten ehemaligen Bürgerhauses in Ulm entstand schon 1406.

Auf der Nordseite stand das schiefe Haus auf festen Untergrund. Auf der Südseite jedoch stand es auf weicherem Untergrund. Dadurch senkte es sich im Laufe der Jahre immer mehr auf eine Seite. Damit es nicht zusammenbrach, wurde es durch drei Säulen gestützt. Viele Um und Anbauten führten zur weiteren Schieflage, welche jedoch immer wieder baulich gerettet wurde. 1995 wurde das schiefe Haus

komplett neu restauriert und ist heute ein außerge-
wöhnliches, kleines Hotel.

Als schiefstes Haus der Welt wurde es sogar ins
Guinness-Buch der Rekorde aufgenommen. Eine
Übernachtung in den alten und schiefen Gemäuern
kann ich nur empfehlen. Es wurde sehr darauf ge-
achtet, die Geschichte zu erhalten und trotzdem modern zu gestalten und Komfort zu bieten.

Es wurde versucht, die geschichtliche Vergan-
genheit so gut wie möglich zu erhalten und trotzdem
mit moderner Technik zu kombinieren. So vermit-
telt zum Beispiel der historische Anlegeplatz des Fi-
scherbootes durch geschickt angelegte Sitzmöglich-
keiten heute den Eindruck, als würden Sie über der
Blau schweben. Durch eine raffinierte Bodenvergla-
sung haben Sie einen wunderbaren Blick auf die
Grundmauer des alten Fischerbeckens. In dem Haus
gibt es elf modern eingerichtete Zimmer, welche
Schieflagen bis zu 40 cm über Zimmerbreite aufwei-
sen.

Ein ganz besonderes Highlight finde ich die
Wasserwaagen am Kopfende der Hotelbetten. Somit
können Sie sicher sein, dass Sie horizontal liegen,
während das umgebende Zimmer schief steht.

Für ein Einzelzimmer zahlt man hier ab 129,00 Euro pro Nacht inklusive Frühstück. Ein Doppelzimmer bekommt man ab 165,00 Euro pro Nacht.

Ulmer Rathaus

Unweit des Ulmer Münster, praktisch direkt gegenüber, liegt das Ulmer Rathaus. Wer Interesse an alten Gebäuden und der Geschichte der Donaustadt hat, findet mit dem Ulmer Rathaus im gotischen Stil und seiner opulenten Außenbemalung ein weiteres Schmuckstück. Durch seine Fresken und einer astronomischen Uhr zählt es zu den bemerkenswertesten Gebäuden der Donaustadt. Übrigens ist schon alleine diese Uhr einen Besuch wert.

Der älteste Teil des heutigen Ulmer Rathauses entstand schon 1370 als "neues Kaufhaus". Im Jahre 1419 wurde es dann zum Rathaus der Stadt benannt.

Der Ratsaal erhielt auf der Südseite im 15. Jahrhundert in gotischer Architektur gerahmte Fenster. Auf der Ostseite wurde er mit Doppelfenstern geschmückt.

Im Jahr 1520 erhielt das Rathaus seine reich geschmückte astronomische Uhr. Leider brannte das Innere des Ulmer Rathauses 1944 fast vollständig aus. Das gesamte Erdgeschoss und das 1.

Obergeschoss des Südflügels blieben aber glücklicherweise unbeschadet.

Prunkfenster, kunstvolle Bemalungen, Figuren und Verzierungen schmücken die Fassade des Ulmer Rathauses. Es dauert schon eine Weile, bis man bei einem Besuch alleine von außen alles bewundert hat.

Aktuell finden Sie im Rathaus unter anderem Sitzungsräume, das Standesamt und weitere städtische Einrichtungen. Auch ist es Amtssitz des Bürgermeisters. Im unteren Stock befindet sich der Ratskeller. Hier kann man gemütlich schwäbisch Essen und im Sommer draußen sitzen.

Bundesfestung Ulm

Die Bundesfestung Ulm wurde im 19. Jahrhundert durch den Deutschen Bund als Großfestungssystem errichtet und bis zum Anfang des 20. Jahrhunderts zur Reichsfestung umgebaut. Man wollte im Jahr 1815 sichergehen, dass die Länder auch nach innen geschützt sind.

Die Festung ist, neben Mainz, Luxemburg, Landau und Rastatt, eine von fünf Bundesfestungen, die der Deutsche Bund zur Sicherung seiner damaligen Grenzen gegen Frankreich baute. Sie zählt bis heute noch zu den größten Festungsmonumenten Europas. Bis zu 10.000 Arbeiter wurden zur Fertigstellung beschäftigt. Dies ist eine beachtliche Zahl.

Die Bundesfestung verläuft als geschlossener Mauerzug um Ulm und Neu-Ulm. Wenn Sie aufmerksam durch die Stadt und an der Donau entlanglaufen, können Sie Teile und Anlagen der Bundesfestung entdecken. Ein wirklich beeindruckendes Erlebnis. Heute wird ein Teil der leerstehenden Anlage durch einen Festungsverein betreut.

Dieser betreibt auch das Festungsmuseum. Das Museum kann regelmäßig an jedem ersten Sonntag im Monat ab 14.00 Uhr ohne Anmeldung besucht werden.

Kloster Wiblingen

Eine weitere verwunschene Welt im herrlichen Schwabenland ist das barocke Benediktinerkloster mit Kirche und Bibliothek im wunderschönen Rokokostil.

Das wirklich ansprechende und recht imposante Kloster Wiblingen befindet sich ca. 15 Minuten Autofahrt entfernt von Ulm. Die Klosteranlage steht im Dreieck zwischen Iller und Donau etwas südlich gelegen. Der Ort Wiblingen ist heute ein Stadtteil von

Ulm und liegt an der oberschwäbischen Barock-straße.

Das Kloster ist eine ehemalige Benediktinerab-tei und wurde schon 1093 gegründet.

Im Laufe der Jahrhunderte wurden Teile der Klosteranlage zuerst als Schloss und später dann als Kaserne genutzt.

In der heutigen Zeit befinden sich Abteilungen des Universitätsklinikums Ulm und eine Abteilung für ärztliche Fortbildungen in der Anlage.

Die recht große Anlage mit wunderschöner Klosterkirche und die Barockhöfe laden zu einem Besuch ein und locken mit tollen Motiven zum Foto-grafieren oder Verweilen.

Das Kloster Wiblingen ist eine sehr beliebte Lo-cation, um zu heiraten. Viele Ulmer feiern hier eine richtige Märchenhochzeit. Im Anschluss an die Trau-ung kann man im Klostergarten wundervolle Hoch-zeitsfotos schießen.

Der Bibliothekssaal ist übrigens bis über seine Stadtgrenzen hinaus bekannt. Er ist ein Meisterwerk des Rokokos.

Eine Besichtigung in diesem Konventenbau (inkl. Audioguide) kostet für Erwachsene 5,00 Euro, für Familien 12,50 Euro und für Gruppen 4,50 Euro pro Person.

Metzgerturm

Der Metzgerturm wird auch als der "Schiefe Turm von Ulm" bezeichnet und hat 83 Stufen, die nach oben führen. Erbaut wurde er als ein Element der Ulmer Stadtbefestigung. Direkt an der Ulmer Stadtmauer gelegen, nur ein paar Schritte vom Ulmer Münster entfernt, mit wunderschöner Aussicht auf die Donau. Das Gebäude ist 36 Meter hoch. Dabei neigt es sich 2,05 Meter zur Seite. Jedoch steht es stabil genug, um keine Gefahr des Umfallens darzustellen. Allerdings neigt sich der Turm alle fünf Jahre um weitere 0,2 Millimeter. Er wird aber regelmäßig auf seine Statik kontrolliert. Da entlang der Donau sehr morastiger Untergrund herrscht, ist das Gebäude im Laufe der Jahre immer mehr abgesunken. Als ich das erste Mal vor dem Turm stand, hatte ich irgendwie das Bedürfnis, ihn gerade zu rücken. Ein schön angelegter Rosengarten, der zum Verweilen einlädt, befindet sich um den Turm.

Der Metzgerturm an sich ist sehenswert, jedoch finde ich das wirklich interessante an diesem Gebäude die Geschichten, die darüber erzählt werden.

"Die Sage vom dicken Metzger im Turm" ist die Geschichte der Ulmer, wie der Turm zu seinen Namen kam.

Laut dieser Erzählung hat der Turm seinen Namen von einem Ulmer Bürger, der von Beruf Metzger war. Irgendwann im 18. oder 19. Jahrhundert soll er die Bürger gegen sich aufgebracht haben, weil er seine Wurst mit Sägespänen "streckte".

Er versuchte sich im Turm zu verstecken. Der Bürgermeister fand ihn jedoch und als er sich in eine Ecke des Turms zu verkriechen versuchte, soll dieser sich aufgrund seiner Körperfülle zur Seite geneigt haben. In einer anderen Sage lautet es, dass im 15. Jahrhundert den Frauen verboten wurde den Beruf des Metzgers auszuüben. Nach heftigen Protesten um den Turm herum wurde dieses Verbot jedoch schnell wieder aufgehoben.

Museum Brot und Kunst

Ein etwas anderes, und vor allem für Liebhaber der Backwaren zu empfehlendes, Museum.

Das Museum für Brot und Kunst wurde 1955 unter dem Namen " Deutsches Brotmuseum" gegründet. Der Unternehmer Willy Eiselen und sein Sohn wollten den Menschen die Bedeutung von Brot näherbringen.

Die private Stiftung "Vater und Sohn Eiselen Stiftung" übernahm 1991 die komplette Trägerschaft. Den neuen Namen "Museum Brot und Kunst" erhielt es nach einer großzügigen Umbauphase zur Neueröffnung 2019.

Mittlerweile ist es ein Wissenschaftsmuseum, welches das Ziel hat, die Bedeutung von Brot und Getreide in unserer Entwicklung umfassend und selbst für Kinder verständlich darzustellen. Ungefähr 20.000 Dinge aus unterschiedlichen Zeiten und aus aller Welt zu dem Thema Ernährung, Getreide und Brot befinden sich hier. Dinge aus Technik, Handwerk, Gemälde, Skulpturen und Objekte aus religiösen zusammenhängen, Relikte aus aller Welt und unterschiedlichen Kulturen. Dies alles trifft hier im Museum Brot und Kunst aufeinander.

Schriftstücke, Bilder und Erinnerungsstücke sollen dem Besucher die Gefahr des drohenden Hungers veranschaulichen.

Natürlich wird auch die aktuelle Welternährungslage thematisiert und stößt einen immer wieder zum Nachdenken an.

Eine weitere Besonderheit des Museums sind

die zahlreichen Kunstwerke. Diese versuchen uns zu veranschaulichen, wie wichtig Brot und Getreide für unsere Gesellschaft sind und wie tief wir damit verwurzelt sind.

Das Museum liegt mitten in der Ulmer Altstadt im Salzstadel. "Brot und Kunst" ist sicherlich auch für Kinder interessant, jedoch würde ich hier ein Alter ab 8 Jahren empfehlen. Das Museum stellt seinen Besuchern kostenlos einen tollen Medienguide zur Verfügung. Dieser kann Sie in Deutsch oder auf Englisch durch das Museum führen. Eine eigene Version für Kinder beinhaltet eine Schnitzeljagd, die spielerisch durch die Ausstellung führt.

Der Eintritt kostet für Erwachsene 6,00 Euro, für Kinder ab 8 Jahren 5,00 Euro und ein Familienticket gibt es für 8,00 Euro.

Stadthaus Ulm

In Ulm ist das Stadthaus ein sehr zentrales, und neben dem Ulmer Münster, das wohl bekannteste Gebäude. Die moderne Architektur des Gebäudes mit seinem weißen Putz und den vielen Verglasungen, steht wirklich im absoluten Kontrast zum Ulmer Münster.

Dort wo das Stadthaus aktuell steht, war viele

Jahrhunderte lang ein Kloster.

Kurz bevor das Ulmer Münster fertig gebaut wurde, entschied man sich im Jahre 1887 dazu, das Kloster abzureißen. Man wollte den Blick auf das stolze Münster freihaben. Allerdings stellte sich schnell heraus, dass nun der Münsterplatz trotz der riesigen Kirche viel zu groß erschien.

Um die Neugestaltung wurde lange gerungen, es sind insgesamt 19 Wettbewerbe dokumentiert. Schließlich gewann in einem Wettbewerb der Vorschlag des berühmten New Yorker Architekten Richard Meier.

1993 wurde es dann endlich eröffnet. Jedoch herrschte lange Zeit bei den Ulmern Uneinigkeit, weil das moderne Stadthaus in ihren Augen nicht zum alten Münster passen würde. Für mich hätte kein anderes Gebäude dieser Welt Ulm so gut widerspiegeln können wie das Stadthaus im Kontrast zum Ulmer Münster. Auch hier trifft Moderne auf Geschichte.

Heute ist das Stadthaus in Ulm ein Ausstellungshaus und Veranstaltungsort. Es zeigt verschiedene Ausstellungen aktueller Fotografie und Kunst und Themen rund um Zeitgeschichte und Architektur.

Der große Saal im Gebäude wird überwiegend vermietet. Hier gibt es fast täglich, meist auch für die Öffentlichkeit zugängliche Veranstaltungen, zu aktuellen Themen aus den unterschiedlichen Bereichen.

Seit 1996 findet hier auch alle zwei Jahre das Festival "Neuer Musik" statt.

Im Erdgeschoss des Hauses befindet sich die Touristen-Information. Hier können sich Besucher aus aller Welt informieren.

Im Jahr 2019 wurde das Stadthaus unter Denkmalschutz gestellt und erhielt den Status eines Kulturdenkmals von besonderer Bedeutung.

Bei einem Besuch des imposanten Gebäudes können Sie anschließend im Stadthaus Café mit Blick auf den wunderbaren Münsterplatz Ihren Kaffee und Kuchen genießen.

Stadttheater

Kultureller Mittelpunkt der Münsterstadt ist definitiv das Stadttheater Ulm. Es wurde schon 1641 erbaut. Damit ist es sogar das älteste städtische Theater in Deutschland. Es ist ein Drei-Sparten-Haus und besitzt ein eigenes Ensemble für Oper/Operette, Schauspiel und Ballett. Hier werden sowohl Stücke der Moderne als auch antike Werke aufgeführt. Von

Verdi über Sophokles bis Janácek, Konzerte und verschiedene Theaterformen, es gibt kaum etwas, dass hier nicht auf die Bühne gebracht wird.

Wie Sie merken, ist auch hier in Ulm mal wieder für jeden Geschmack etwas dabei. Wenn Sie Theater und Schauspiel lieben, dann empfehle ich Ihnen wärmstens, im Stadttheater Karten zu ergattern.

Das Theater Ulm liegt am Herbert-von-Karajan-Platz.

MEINE INSIDER / UNTERNEHMUNGEN

Ulmer Stadtmauer

Im „reißenden Wasser" der Donau wurde die Ulmer Stadtmauer schon 1482 als Schutzwall gegen Feinde errichtet. Damals führte sie vom 1384 erbauten Herdbruckertor bis zum Fischertor, welches an der heutigen Willhelmshöhe gelegen ist. 1527 wurde sie umgebaut. Dies übernahm Hans Beham, ein Nürnberger Baumeister. Heute wird die Stadtmauer als beliebter Promenadenweg für herrliche Spaziergänge gerne genutzt. Er führt die Donau entlang, am malerischen Fischerviertel vorbei bis zur Friedrichsau. Wie an einer Perlenschnur reihen sich hier die

Sehenswürdigkeiten von Ulm auf. Man bekommt tolle Ein und Ausblicke zwischen der Altstadt und der Donau. Dabei laden Cafés und Restaurants, sowie der Blick auf den Fluss und nach NeuUlm zum Verweilen ein. Besonders in den warmen Monaten ist es wirklich ein Genuss am Wasser entlang zu spazieren, auf einer der vielen Bänke zu pausieren oder es sich in Schatten einer der reichlich angesiedelten Cafés gemütlich zu machen. Aber auch im Winter lädt die Stadtmauer zu einem Spaziergang ein.

Ulmer Weihnachtsmarkt
Wirklich lohnenswert finde ich einen Besuch auf dem Ulmer Weihnachtsmarkt. Jedes Jahr lockt dieser rund eine Millionen Besucher aus dem gesamten süd- und mitteldeutschen Raum, der Schweiz, Österreich und Italien an.

Stimmungsvoll platziert sich der Markt mitten auf dem Münsterplatz, zum Fuße des Ulmer Münsters und einem wundervollen, mit über 18.000 kleinen Lichtern geschmückten Weihnachtsbaum. Alleine diese Umgebung lässt einen in vorweihnachtliche Stimmung kommen.

Hier gibt es weit über 100 Stände zu bestaunen. Kulinarische Spezialitäten, Spielzeug, Kunsthandwerk, Christbaumschmuck und Kinderkarussells machen den Markt zu einem wundervollen Erlebnis. Direkt unter dem Weihnachtsbaum befindet sich eine liebevoll gestaltete Krippe mit echten Tieren. Zusammen mit dem Märchenwald lässt diese viele kleine Augen strahlen.

An Wochenenden, vor allem zu der Abendzeit, ist der Ulmer Weihnachtsmarkt leider sehr oft überlaufen und es kann ein wenig anstrengend werden, sich durch die kleinen Gässchen zu schlängeln.

Wenn Sie es sich einrichten können, kommen Sie unter der Woche oder nachmittags. Gemütlich an den Ständen vorbeischlendern, sich an einem Glühwein oder heißer Schokolade wärmen oder einen leckeren Baumkuchen essen. Durch die Gässchen weht der Duft weihnachtlicher Gewürze und aus dem Münsterportal klingt stimmungsvolle Musik.

Der Weihnachtsmarkt bietet wirklich alles, um in richtige Weihnachtsstimmung zu kommen.

Mein ganz besonderer Tipp ist, im Anschluss an den Weihnachtsmarkt einen kleinen Spaziergang durch das Fischerviertel zu unternehmen. Das in den bunten Lichtern glitzernde Wasser, die schön geschmückten Fenster und die alten Gebäude runden das weihnachtliche Erlebnis ab und lassen einen für einen kleinen Moment den Alltag vergessen.

Der Weihnachtsmarkt beginnt jedes Jahr vier Wochen vor Heiligabend und ist täglich von 10:00 Uhr bis 20:30 Uhr geöffnet.

Schwörmontag

Wer die Ulmer einmal in Feierlaune sehen möchte, sollte unbedingt am vorletzten Montag im Juli anreisen, um den Schwörmontag mitzuerleben. Er bildet den krönenden Abschluss einer lustigen Woche voller Festlichkeiten der Schwörwoche.

In dieser Woche gibt es in der ganzen Stadt verschiedene Konzerte, Events und Feste.

Alles begann, als im Jahr 1397 die Ulmer Verfassung mit dem „Großen Schwörbrief" in Kraft trat, die älteste Stadtverfassung in Deutschland. Diese regelte die Aufgaben und die Möglichkeiten des Bürgermeisters.

Der Schwörmontag ist seit diesem Tag in Ulm der Feiertag schlechthin. Da hält es niemanden mehr in seinen vier Wänden. Alle wollen den Oberbürgermeister pünktlich um 11 Uhr bei seinem Rechenschaftsbericht zuhören und zuschauen. Dieser wird vom Balkon des Schwörhauses gehalten. Der

Rechenschaftsbericht beschreibt Beginn und Ende des politischen Jahres in Ulm.

Nachmittags gehen dann alle zum „Nabada" (Hochdeutsch: Herunterbaden), ein fröhlicher und bunter Wasserumzug auf der Donau. Tausende Nabaderstürzen sich in die Donau und lassen sich auf allem, was im Wasser so schwimmen kann, die Donau hinuntertreiben. Es ist ein wirklich lustiges und sehenswertes Erlebnis.

Eigentlich ist die ganze Stadt an diesem Tag ein Fest, organisierte Feiern gibt es in der Innenstadt und in der Friedrichsau.

Wenn Sie es etwas ruhiger und romantischer möchten, dann sollten Sie den Samstag vor dem Schwörmontag nach Ulm kommen. An diesen Tag findet die Lichterserenade statt. Eine noch nicht so alte Tradition in der Schwörwoche. Nach Einbruch der Dunkelheit werden in Höhe des Fischerplatzes rund 5.000 Windlichter auf kleinen Schiffen auf die Donau gesetzt. Diese lassen den Fluss zu einem wirklich großartigen Lichterfest werden. Zeitgleich werden von einem Floß Feuerwerkskörper abgeschossen, wunderschön angestrahlte Wasserfontänen, die aus den Schläuchen der Feuerwehr kommen und grell aufsprühende römische Lichter erleuchten den Fluss.

Die Lichterserenade läutet praktisch die Schwörwoche ein und bereits an diesem Abend beginnen die Feierlichkeiten.

Wenn Sie Ihren Besuch an diesen Tagen mit einem Restaurantbesuch verknüpfen möchten, sollten Sie unbedingt rechtzeitig einen Tisch reservieren.

Blautopf

Ein paar Kilometer entfernt von Ulm, am Ostrand der schwäbischen Alb in Blaubeuren, befindet sich der wundervolle Blautopf. Es ist die zweitwasserreichste Karstquelle in ganz Deutschland. Dies ist die Quelle der Blau. Diese fließt rund 22 Kilometer im Ulmer Stadtgebiet in die Donau. Im Laufe der Zeit hat ein hoher Wasserdruck den Quelltopf an die Oberfläche angespült. Dieser hat einen Durchmesser von etwa 40 Metern. Man hat das Gefühl vor einem kleinen See zu stehen.

Schon immer hat es Menschen an diesen Ort gezogen. Wo Wasser ist, ist bekanntlich auch Leben. Dies haben sich die ersten Siedler gut zunutze gemacht.

Die Blautopf-Quelle an sich wurde erst vor

wenigen Jahren tatsächlich ergründet. Höhlenforscher fanden in 22 Metern Tiefe den Eingang zur Blautopf-Unterwasserhöhle.

Im Blautopf gibt es seit 1742 eine Hammerschmiede. Der romantische Bau mit Sichtfachwerk und Wasserrad erfreut sich als Kalendermotiv internationaler Bekanntheit. Die Schmiede wird vom Wasser der Quelle angetrieben und kann seit Mitte der 60er Jahre in ihrer ursprünglichen Funktion wieder besucht werden. Hier werden auch Schmiedekurse/Messerkurse und Schauschmiede an bestimmten Tagen vorgeführt. Die Hammerschmiede kann als Museum besichtigt werden.

Hier zahlt man wirklich faire Preise von 0,50 Cent bis 1,50 Euro.

Zu seinem Namen kam der Blautopf wegen der auffallend intensiven Farbe seines Wassers. Je nach Lichteinfall kann diese variieren.

Märchen, Mythen und Geschichten ranken sich um diesen Ort an dem blau und grün schier unvergleichlich ineinanderfließen. So versuchten sich die Menschen einst, die Wasserfärbung dadurch zu erklären, dass täglich ein Fass Tinte hineingeschüttet wurde. Auch glaubte man, dass der Blautopf bodenlos ist. Versuche, mit einem Bleilot die Tiefe zu ermitteln, sollen immer wieder von einer Nixe vereitelt worden sein, die das Gewicht stahl.

Eine der bekanntesten Geschichten um den Blautopf ist die Sage von der schönen Lau. In dieser erzählt Eduard Mörike, wie eine Wassernixe in diesem Gebiet wieder lernt zu lachen. Heute steht zum Gedenken an sie eine Steinfigur am Ufer.

Obwohl es im Sommer hier schon wunderschön ist, lege ich Ihnen einen Besuch in den Herbstmonaten ans Herz. Wenn es ein wenig nebelig ist, der erste Tau in den Gräsern hängt und selbst die Bäume in herrlichen Farben leuchten, wirkt dieser Ort noch magischer und macht einen Spaziergang zu einem unvergesslichen Erlebnis.

Ein weiteres tolles Highlight am Blautopf, dass ich Ihnen Empfehlen kann, ist eine Panoramafahrt mit dem Blautopfbähnle. Dies kann ich besonders empfehlen, wenn Sie vielleicht nicht so gut zu Fuß sind, ältere Menschen oder kleine Kinder dabeihaben oder einfach gemütlich sitzen möchten und die schöne Aussicht genießen wollen. Das Blautopfbähnle führt Sie durch den Hof des Klosters, weiter durch das Landschaftsschutzgebiet Ried über

Blaubeurens Hausberg, den Rucken mit tollem Blick auf die Stadt.

Anschließend geht es weiter über den Panoramaweg. Dort haben Sie Zeit von einem Aussichtspunkt über der Altstadt den Ausblick zu genießen. Von dort aus geht die Reise weiter durch die liebliche Altstadt und durch das Gerberviertel, zurück zum Blautopf.

Eine Fahrt mit der Bahn kostet für Erwachsene 8,00 Euro, für Kinder 4,50 Euro und für Familien 28,00 Euro. Kinder unter 3 Jahren fahren kostenlos.

Für Ihr leibliches Wohl ist am Blautopf natürlich auch gesorgt. Das Café am Blautopf ist von Palmsonntag bis zum 1. November geöffnet. Es bietet eine große Auswahl an Kuchen und Eis und für den kleinen Hunger gibt es im dazugehörigen Restaurant kleine Snacks. Hier kann man herrlich die idyllische Atmosphäre mit direktem Blick auf den Blautopf genießen.

Und wenn Sie mal kein Geld ausgeben möchten, nehmen Sie sich einfach eine Decke mit und picknicken Sie unter einem der zahlreichen Bäume. Dies habe ich in den warmen Monaten sehr gerne getan und Kinder lieben diesen sagenumwobenen Ort meist sehr.

Shopping in Ulm

In Ulm lässt es sich vortrefflich shoppen und bummeln. Anders als die meisten Großstädten bietet die Donaustadt noch viele kleine, regionale inhabergeführte Geschäfte. Natürlich findet man trotzdem auch die großen Ketten wie H&M, C&A und andere Markengeschäfte.

Neben der innenstädtischen Haupteinkaufsmeile "Hirschstraße", die vom Bahnhof bis zum Münster reicht, gibt es auch in den vielen kleinen Gassen und Plätzen in Ulm Geschäfte, die mit ihren feinen Angeboten auf sich aufmerksam machen. Es lohnt sich also, einfach mal durch unbekannte Gassen zu laufen.

Übrigens gehört die Hirschstraße, mit rund 9.000 Kaufwilligen und Besuchern pro Stunde, zu den zehn am stärksten besuchten und beliebtesten Einkaufsmeilen Deutschlands. Trotzdem hat man hier nie das Gefühl von übertriebener Hektik oder einer völlig überlaufenen Straße.

Wenn Sie Bücher so sehr lieben wie ich, lege ich Ihnen einen Besuch in der "Aegis Literatur Buchhandlung" ans Herz. Eine der ältesten Buch-

handlungen Ulms, die sich in der Breiten Gasse befindet. Sie wurde sogar vom Kultusministerium als
eine der 100 besten Buchhandlungen Deutschlands
ausgezeichnet.

Neben Gegenwartsliteratur, Klassiker oder
Krimi, findet sich im 1. OG ein wunderschönes Anti-
quariat, wo es zum Beispiel ein Ulmer Telefonbuch
aus dem Jahre 1949 zu finden gibt.

Ein ganz besonderes Highlight finde ich, dass
hier jeden Samstag im Advent Märchenerzählungen
stattfinden. Nicht nur kleine Leute sind dazu herzlich eingeladen.

Ein weiterer Laden, den ich Ihnen gerne ans
Herz legen möchte, ist die "Donauwelle". Dieser befindet sich in der Fischergasse und sieht auf den ersten Blick wie ein gewöhnlicher Ulmer Laden aus. Es
steckt aber einiges mehr dahinter. Hier werden die
Produkte von Menschen mit Handicap hergestellt.
Sie kommen direkt aus der Donau Iller-Werkstatt in
Blaustein. In der Donauwelle werden wirklich interessante und ausgefallene Dinge selbst hergestellt.
Neben diesen gibt es eine große Auswahl an regionalen Produkten: Öle, Marmeladen, Schmuck, deko-
ratives und vieles mehr. Denken Sie besonders an

diesen Laden, wenn Sie jemanden etwas aus Ulm mitbringen möchten.

Mit ihren kurzen Wegen ist die Münsterstadt ein wahrer Kundenmagnet, und hier zu shoppen finde ich dadurch viel angenehmer als in den riesigen und weitläufigen Einkaufsstraßen anderer Großstädte. Samstags lohnt sich ein Bummel über den Ulmer Wochenmarkt. Dieser findet von 6:00 Uhr bis 13:00 Uhr statt und befindet sich direkt auf dem Münsterplatz. Neben frischen und regionalen Produkten finden sie auch Blumen und ausländische Produkte.

Tatsächlich konnte ich erleben, dass die meisten Menschen in Ulm ihre Lebensmittel sehr gerne frisch auf dem Wochenmarkt kaufen. Ein Einkaufsbummel in Ulm lohnt sich wirklich.

In der Nähe befinden sich mehrere Parkhäuser, Rathaus, Salzstadt und Deutschhaus, und dazu der schnelle Zugang vom Hauptbahnhof Ulm machen die Innenstadt noch beliebter.

Doch auch außerhalb der Innenstadt kann man wunderbar einkaufen. Auf Ulmer Seite befindet sich, ca. 10 Minuten von der Stadt entfernt das Blautalcenter. Eine der größten Shoppingmalls in Süddeutschland, mit rund 100 Geschäften auf 37.500

qm Verkaufsfläche.

Ebenfalls am westlichen Stadteingang befindet sich ein IKEA mit angrenzendem Fachmarkt-Center.

In Neu-Ulm befindet sich die Glacis-Galerie direkt am Neu-Ulmer Bahnhof. Das Center hat 2015 neu eröffnet und es befinden sich über 100 Shops in ihm. Es bietet auf 35.000 qm eine vielseitige Auswahl an Marken. Einmal im Frühjahr und einmal im Herbst gibt es in der Donaustadt einen verkaufsoffenen Sonntag. Die Termine finden Sie bequem über das Internet.

MAULTASCHEN, SPÄTZLE UND CO.

Die Ulmer Küche

Regionale schwäbisch-bayrische Gerichte stehen in Ulm natürlich an erster Stelle. Im Gegensatz zur badischen Küche ist sie eher bodenständig.

Eine zentrale Bedeutung haben Eierteigwaren in den verschiedensten Variationen, z. B. Maultaschen oder Spätzle. Auch gehaltvolle Suppen, Kartoffelgerichte und Eintöpfe sind typisch für die schwäbische Küche.

Als ich das erste Mal so richtig schwäbisch

schlemmen durfte, war ich zugegebenermaßen ein wenig überrascht über manche Zusammenstellungen.

"Krautschupfnudeln" hörte sich für meine Ohren nicht wirklich verlockend an und besonders appetitlich sehen sie nun mal auch nicht aus. Probieren Sie sie! Falls Sie dies noch nicht getan haben. Tatsächlich gehören diese und Linsen mit Spätzle mittlerweile zu den Top 10 meiner persönlichen Leibgerichte. Ein weiteres Gericht, was mich am Anfang ein wenig meine Nase rümpfen lies, ist Gaisburger Marsch.

Ein traditionelles schwäbisches Eintopfgericht, das als Besonderheit Kartoffeln und Teigwaren in Form von Spätzle enthält. Ich fand Spätzle und Kartoffeln in einer Suppe ein wenig außergewöhnlich. Aber was soll ich sagen, auch dieses Gericht hat mich voll überzeugt.

Auch in Sachen Nachtisch hat die Küche in Ulm einiges zu bieten. Mein absoluter Favorit sind Ofenschlupfer. Eine Art geschichteter Auflauf aus Äpfeln, Rosinen, Mandelblättchen und einem Teig aus Ei, Sahne und Weißbrot.

Aber auch Apfelküchle, Pfitzauf (ein luftiges Eiergebäck) oder Kirschmichel sind einen Versuch wert. Die Schwaben verstehen wirklich etwas von leckeren Süßspeisen.

Wer eher auf "gehobenere" oder internationale Küche steht, braucht sich aber keine Sorgen zu machen, dass er hier nicht voll auf seine Kosten kommt. Ulm bietet eine Anzahl an verschiedenen Restaurants, Gaststätten und Imbissbuden.

TOP 3 RESTAURANTS

Zur Forelle

Das historische Zunfthaus „Zur Forelle " liegt im schönen Gerber und Fischerviertel. Wenn Sie gerne frischen Fisch essen, dann können Sie dies hier in authentischer Atmosphäre direkt an der Blau tun.

Die Küche bietet aber nicht nur frischen Fisch, sondern neben schwäbischen Spezialitäten auch mediterrane Köstlichkeiten und gelegentlich auch asiatisch.

Das oberste Credo der Forelle ist frische 1a Ware beim Einkauf ihrer Lebensmittel.

Das Restaurant ist seit 4 Jahrhunderten Inbegriff Ulmer Lebensart. Hier findet man tolle Räumlichkeiten in einmaligem Ambiente, verschiedene Gaststuben und Terrassen direkt an der Blau.

Ich empfehle Ihnen, bei einem anstehenden Besuch vorher zu reservieren. Die Forelle ist ein sehr beliebtes Restaurant und meist auch unter der Woche sehr gut besucht. Sie können auch bequem über die Webseite „zurforelle.com" einen Tisch reservieren. Das Preis-Leistungs-Verhältnis ist absolut angemessen.

Gerberhaus
Auch das Gerberhaus ist idyllisch im Ulmer Gerber und Fischerviertel gelegen.

Die rustikale Wirtschaft befindet sich in einem historischen Haus aus dem 16. bis 17. Jahrhundert. Das schön gelegene Restaurant ist über die Grenzen von Ulm hinweg für seine köstliche deutsche, speziell schwäbische Küche bekannt. Hier finden Sie etwas gehobenere Küche. Das Preis-Leistungs-Verhältnis ist dafür in Ordnung.

Auch hier kann man wunderbar draußen sitzen und unter „gerberhaus.de" online einen Tisch reservieren.

Café Restaurant Bella Vista

Das Café Restaurant Bella Vista befindet sich über den Dächern von Ulm und bietet Ihnen eine wunderschöne Aussicht.

Spezialisiert ist das Restaurant auf kulinarische Köstlichkeiten aus dem mediterranen Raum und internationale Speisen. Hier findet sich für jeden Geschmack etwas.

Bereits am Morgen lässt es sich im Bella Vista wunderbar auf der großzügigen Dachterrasse frühstücken. Die Auswahl ist reichlich. Im Bella Vista finden regelmäßig Events statt.

Die Räume sind modern und lichtdurchflutet eingerichtet und bieten ein mediterranes Flair. Die Dachterrasse ist, dank beheizbarer Elemente, ganzjährig geöffnet.

Auch hier empfehle ich, aufgrund seiner Beliebtheit und den häufigen Events, eine vorherige Reservierung.

MEINE INSIDER

Mohrenköpfle

Den Naschkatzen unter Ihnen kann ich nur wärmstens das Mohrenköpfle empfehlen.

Man sagt, hier gibt es den besten Kuchen in ganz Ulm, und dies kann ich wirklich nur bestätigen. Klasse statt Masse lautet im Traditionsbetrieb, welches schon seit über 100 Jahre besteht, das Motto. Sämtliche Confiserie-Produkte sind hier selbstverständlich aus eigener Herstellung.

Ob handgeschöpfte Schokolade, Baumkuchen oder Petite Fours, süße Gaumen kommen voll auf ihre Kosten. Selbst frühstücken lässt es sich hier wunderbar und die Auswahl ist wirklich reichlich.

Das iTüpfelchen im Mohrenköpfle sind allerdings die typischen Ulmer Spezialitäten. Hier finden sie Ulmer Münsterspitzen (eine besondere Praline in Pyramidenform), den Ulmer Spatz aus Marzipan, Ulmer Gulden (eine Schokoladen-Nachbildung des alten Ulmer Silbergeldes) und Ulmer Wibele (Süßgebäck aus Biskuitteig). Zum Probieren ein Genuss und als Mitbringsel eine tolle Idee.

Fruchtrausch

Wer auf frische und gesunde Snacks steht, kommt um einen Besuch im Fruchtrausch nicht herum.

Zum Synonym für frische Früchte und vollen Geschmack ist Fruchtrausch die Smoothie-Bar in Ulm längst geworden. Frische Smoothies, täglich wechselnde Suppen, Müsli und Frozen-Joghurt mit verschiedenen Toppings stehen auf der farbenfrohen Speisekarte.

Mein persönlicher Favorit ist übrigens der MangoTango-Smoothie aus Orange, Banane, Minze und natürlich Mango. Eine wirklich leckere Erfrischung und toll, um nach einem anstrengenden Shopping-Trip seinen Vitaminhaushalt aufzufüllen.

Die Getränke sind auch zum Mitnehmen, wenn Sie die Stadt weiter erkunden möchten. Der Fruchtrausch befindet sich in der Hafengasse. Die Preise finde ich persönlich recht fair.

Crêperie Kornhäusle

Mal etwas anderes und nicht in jeder Stadt zu finden ist die Crêperie Kornhäusle. Sie liegt ein wenig abseits der Einkaufsstraßen in der Kornhausgasse und ist wirklich einfach umwerfend lecker.

Die urige, rustikale Einrichtung im

französischen Landhausstil lässt einen leicht an eine Crêperie in der Bretagne denken, der Heimat der hauchdünnen Pfannkuchen.

Hier findet man 47 verschiedene süße und pikante Crêpevariationen, und eine ausgefallener als die andere.

Im Kornhäusle gibt es einen vorderen Teil an der Bar und einen Raum mit offenem Durchgang mit insgesamt vier Tischen, wodurch eine ganz private, aber angenehme Atmosphäre entsteht. Richtig urig ist es hier. Klein aber fein und wirklich einen Besuch wert. Auch hier finde ich die Preise sehr angemessen.

Guads Nächdle

TOP 3 HOTELS

Ulmer Münster Hotel

Das Ulmer Münster Hotel ist ein modernes Hotel und liegt, wie der Name schon sagt, direkt am schönen Münsterplatz. Hier schlafen sie natürlich sehr zentral, nur wenige Schritte vom Ulmer Münster entfernt. Für weitere Ausflüge oder Shopping-Trips also ideal.

Das Hotel bietet Zimmer mit kostenfreiem WLAN und Frühstücksbuffet. Doppelzimmer kosten hier ab 90,00 Euro aufwärts die Nacht.

Hotel am Rathaus Hotel Reblaus

Das Hotel Rathaus mit seinem Nebengebäude Reblaus, liegt im Herzen der historischen Ulmer Altstadt. Direkt am Donauradweg, am Rande des wunderschönen Fischerviertels, befinden sich die zwei sehr schön gestalteten Gebäude der Hotels. Also auch hier eine gute Lage, um die Donaustadt zu erkunden.

Die beiden Gebäude bieten klassische, ruhige Zimmer mit kostenlosem Frühstück, Fahrradraum und WLAN. Sie bieten teilweise Ausblick auf die Glaspyramide und das Ulmer Münster.

Doppelzimmer gibt es ab 90,00 Euro die Nacht. Das Hotel bietet allerdings auch Zimmer mit Gemeinschaftsbad. Hier kann man schon Preise ab 60,00 Euro die Nacht finden.

Pension Rösch

Wer keinen Wert auf modern eingerichtete Zimmer oder übermäßigen Komfort legt, ist in der Pension Rösch richtig. Das Haus bietet freundliche, helle Gästezimmer mit Dusche/WC und TV.

Auch die Pension Rösch liegt sehr zentral im Ulmer Fischerviertel und ist eine günstige Gelegenheit, um mitten im Herzen von Ulm zu übernachten.

Die Unterkunft bietet Schlafmöglichkeiten ab

30,00 Euro die Nacht inklusive Frühstück.

MEINE INSIDER

Maritim Hotel Ulm

Wenn Sie sich ein wenig mehr Komfort gönnen möchten, kann ich Ihnen das 4 Sterne Hotel Maritim in Ulm empfehlen. Mit traumhafter Aussicht können Sie hier Ihren Aufenthalt starten. Das Hotel befindet sich an der Donau und bietet, besonders vom Restaurant, welches in der 16. Etage liegt, einen wunderschönen Blick auf ganz Ulm, sowie das Ulmer Münster. Sie befinden sich also direkt in der Stadt.

Das Maritim selbst kann seinen Gästen auch einiges bieten. Pool, Sauna und Fitnessraum laden Sie ein, sich nach einem Stadtbesuch zu erholen oder körperlich zu betätigen.

An das Hotel angeschlossen befindet sich das Congress-Centrum Ulm. Dieses besitzt mehrere Veranstaltungssäle.

Wenn sie ein paar Suchmaschinen durchgehen, finden sich hier schon Doppelzimmer ab 89,00 Euro ohne Frühstück.

Jugendherberge Geschwister-Scholl

Die Geschwister-Scholl-Jugendherberge der Donaustadt liegt am südwestlichen Stadtrand in Richtung Grimmelfingen in der Nähe des Ulmer Sport und Freizeitzentrums und bietet auch dem kleinen Geldbeutel eine tolle Übernachtungsmöglichkeit. Von hier aus liegt man recht zentral für weitere Ausflüge und Besichtigungen.

Die Jugendherberge Geschwister-Scholl ist bestens auf die Bedürfnisse von Klassen, Gruppen und natürlich Familien eingerichtet.

Sie bietet 28 Zimmer mit 116 Betten, davon überwiegend Vierbettzimmer. Außerdem natürlich eine breite Auswahl an Freizeitaktivitäten wie z. B. Dart, Kicker, ein Basketballfeld oder Tischtennis. Ein großes Außengelände gehört auch dazu. Hier kann man schon ab 22,50 Euro inklusive Frühstück übernachten.

Die Mitgliedschaft im Deutschen Jugendherbergswerk oder in einem ausländischen Jugendherbergsverband ist natürlich Voraussetzung. Die Mitgliedskarte ist bei der Ankunft vorzulegen.

AUF DER SCHWÄBISCHEN EISENBAHN

Anreise mit dem Auto

Ulm liegt verkehrsgünstig an der Autobahn A8 (Stuttgart-München) und Autobahn A7 (Würzburg-Füssen).

Verschiedene Bundes und Landesstraßen führen Sie bis ins Zentrum. Die wichtigsten sind hier die B10, B19, B28, B30 und B311.

Bitte beachten Sie, dass Ulm Umweltzone ist. Ohne entsprechende Plakette riskieren Sie sonst ein Bußgeld in Höhe von 80 Euro.

Anreise mit der Bahn / dem Fernbus

Die Donaustadt liegt an der Bahnstrecke Stuttgart-München. Stündlich verbinden hier ICEs Ulm mit München über Augsburg sowie Mannheim über Stuttgart.

Ab Mannheim können Sie zweistündlich weiterfahren nach Frankfurt (auch Flughafen), Kassel, Köln und Berlin. Mit dem Intercity bestehen weitere Fahrmöglichkeiten, unter anderem nach Salzburg und Karlsruhe.

Des Weiteren gibt es Zugverbindungen im

Regionalverkehr an den Bodensee, ins Allgäu, Donauwörth, Ingolstadt, Regensburg oder Sigmaringen und Tuttlingen. Sowie durch das Brenztal nach Heidenheim und Aalen.

Einmal täglich bedient der französische TGV die Strecke Paris München und hält dabei in Ulm. Im Bahnhof selbst befinden sich zahlreiche Schließfächer. Kleine Fächer kosten 3 Euro pro Tag und größere 5 Euro pro Tag.

Auch durch das Fernbusnetz (Flixbus/Deinbus) ist Ulm gut an viele deutsche Großstädte angebunden und meist recht kostengünstig zu erreichen.

Anreise mit dem Flugzeug

Ulm selbst hat keinen eigenen Flughafen. Die nächsten größeren Flughäfen wären München (160 km) oder Stuttgart (80 km). Aber auch in Memmingen (60 km), Augsburg (80 km) oder Friedrichshafen (100 km) kann man bequem landen.

Ulm mit dem Fahrrad

Ulm liegt wunderschön am Donau-Radweg, am Donau-Bodensee-Radweg, welcher von Ulm nach Langenhagen führt, und am Iller-Radweg von Ulm nach Oberstdorf.

Ein gut ausgebautes Radwegenetz erschließt ganz Ulm. Wenn Sie gerne mit dem Drahtesel unterwegs sind, kann ich Ihnen die Tour Ulmer Münster-Blautopf Runde, die am Hauptbahnhof startet, sehr empfehlen. Dies ist eine mittelschwere Tour von rund 74 km und eine gute Grundkondition ist erforderlich.

Sie starten am Ulmer Hauptbahnhof und fahren am Fischerviertel und dem Ulmer Münster vorbei. Weiter geht es am Ulmer Rathaus vorbei, dann genießen Sie einen herrlichen Blick auf Schloss Erbach, bis Sie in Blaubeuren landen. Von dort aus geht es über den Blautopf wieder zurück zum Hauptbahnhof. Eine wirklich schöne Strecke.

In der Innenstadt von Ulm befindet sich das "Radhaus", ein spezielles Parkhaus, in dem Sie Ihr Fahrrad sicher unterbringen können.

In der Fußgängerzone müssen Sie Ihr Fahrrad allerdings schieben. Hier gilt Fahrverbot.

MEINE INSIDER

Wenn Sie mit dem Auto für einen Tag anreisen, können Sie dieses am besten auf einem der vielen Park & Ride Möglichkeiten stehen lassen. Der öffentliche Nahverkehr ist recht gut ausgebaut und Ulm lässt sich aufgrund seiner geringen Größe wunderbar zu Fuß besichtigen. Wenn Sie die Kosten für ein Parkhaus in Kauf nehmen wollen, kann ich Ihnen das Parkhaus am Rathaus empfehlen. Hier befinden Sie sich dann mitten in der Innenstadt und können von dort aus bequem alles zu Fuß ablaufen.

Falls Sie einen ganzen Tag oder auch länger im wunderschönen Ulm planen, kann ich Ihnen die Ulm-Card empfehlen. Diese kostet für einen Tag 17 Euro oder 22 Euro für zwei Tage. Die Karte bietet nicht nur die Nutzung des ÖPNV, sondern auch viele Möglichkeiten zu freien oder ermäßigten Eintritten. Zum Beispiel den freien Eintritt in 8 Museen oder freien Eintritt zum Besteigen des Ulmer Münsters.

Einen Besuch in Ulm kann man auch mit einem gemütlichen, einstündigen Schiffsausflug auf der Donau mit dem historischen Schiff „Ulmer Spatz" verbinden. Hier können Sie die beiden Donaustädte aus einer einzigartigen Perspektive bewundern.

Von April bis November ist das Fahrgeschäft geöffnet. Die Einstiegsstelle befindet sich am Metzgerturm. Tickets können Sie im Vorfeld online kaufen oder direkt auf dem Schiff erwerben.

Kinder bis 10 Jahre in Begleitung ihrer Eltern fahren hier übrigens kostenlos. Erwachsene zahlen 9,00 Euro, Rentner 8,00 Euro, Schüler und Menschen mit Behinderung 6,50 Euro. Eine Gruppenermäßigung gibt es ab 20 Personen für 8,50 Euro pro Person.

Ulm mit Kindern

In Ulm gibt es sehr viele Möglichkeiten für Aktivitäten und Unternehmungen mit Kindern. Selbst in der kalten und nassen Jahreszeit: In Ulm und Umgebung gibt es immer etwas zu tun oder zu entdecken, sich mit der Familie die Zeit zu vertreiben und ein sinnvolles Tagesprogramm auf die Beine zu stellen. Hier habe ich ein paar Vorschläge für einen Tag mit Kindern in und um die Donaustadt

Tiergarten Ulm/ Donauaquarium

Der Tiergarten Ulm liegt eingebettet in der Grünkulisse des Naherholungsraums Friedrichsau und bietet wirklich abwechslungsreiche Stunden mit der faszinierenden Tierwelt unserer Erde.

Hier leben etwa 500 Tiere in 150 verschiedene Arten. Die ersten Gehege entstanden schon 1927. Im Laufe der Jahrzehnte kam ein Aquarium dazu und einige Gehege wurden geschlossen oder wieder geöffnet.

Für einige Zeit stand das Aquarium im Vordergrund und deshalb hat sich bei den Einheimischen der Begriff Donau-Aquarium etabliert. Lassen Sie sich also nicht verwirren, wenn der Ulmer es so nennt. Der Tiergarten und das Aquarium sind ein Komplex. Der offizielle Name " Tiergarten Ulm " entstand erst in den 30er Jahren.

Besonders toll und für Kinder immer ein Highlight finde ich es deshalb, weil man seinen Besuch im Tiergarten erst mal sozusagen im Donauaquarium starten kann. Es erwartet einen ein begehbarer " Donautunnel". Dieser ist 18 Meter lang. Er ist mit seiner Spezialisierung auf heimische Kaltwasserfische einzigartig. Es tummeln sich neben großen Karpfen und Stören auch Welse in dem Wasser.

In den kleinen Aquarien leben unter anderem Korallenfische, einheimische und tropische Süßwasserfische.

Danach geht es weiter zum Innenbereich des Tiergartens. Hier leben unter anderem Pfeilgiftfrösche, Schlangen und Echsen. Im Tropenhaus tummeln sich dann Affen, Krokodile und Vögel. Und im Außenbereich finden sich unter anderem große Laufvögel und Hängebauchschweine.

Zu guter Letzt kann man im Streichelgehege einige Tiere hautnah erleben und sogar bürsten. Anschließend gibt es noch einen kleinen Spielplatz, auf dem man herrlich toben kann.

Ich persönlich finde den Tiergarten toll. Vor allem für kleinere Kinder ist es gut, da er nicht so weitläufig und riesig wie andere Zoos ist. Es lässt sich hier wunderbar ein ganzer Tag verbringen. Dadurch, dass sehr viel überdacht ist, lohnt sich ein Besuch auch bei leichtem Regen oder kaltem Wetter. Danach können Sie sich ja im angenehm warmen Tropenhaus wieder aufwärmen.

Der Tiergarten Ulm hat ganzjährig und täglich für Sie geöffnet. Der Eintrittspreis für Kinder beträgt 3,00 Euro, für Erwachsene 5,00 Euro und Familienkarten gibt es ab 8,00 Euro. Dies finde ich sehr faire Preise.

Xtreme Jump Trampolinhalle

Die Trampolinhalle Xtreme Jump befindet sich in der Ulmer Eberhardt-Finck-Straße und ist die erste Trampolinhalle in Ulm. Sie bietet auf 70 Trampolinen und auf über 2.000 qm pralles Springvergnügen.

Neben dem großen "Free Jump" Bereich, einen "Slam Jump" mit mehreren Basketballkörben gibt es auch einen "Foam Jump" mit Hunderten von Schaumstoffwürfeln zum Toben und einen Bereich zum "Wallrunnen". An diesem abwechslungsreichen Trampolinparcour hat wirklich jeder seine Freude.

Das Xtreme Jump ist auch für Erwachsene gut geeignet. Es macht wirklich Spaß, und nach maximal zwei Stunden hüpfen, werden Sie erschöpft aber glücklich sein.

Im Bistrobereich finden Sie warme Speisen, Snacks, Süßes und Getränke. Das Mitbringen von Essen und Trinken ist hier leider nicht gestattet.

Bitte beachten Sie, dass immer nur eine bestimmte Anzahl von Personen gleichzeitig springen darf. Gerade an Wochenenden, Feiertagen und in den Ferien kann es zu Wartezeiten kommen, wenn die gewünschte Springzeit bereits ausgebucht ist.

Ich empfehle Ihnen, die Tickets vorher online zu

buchen. Das Mindestalter für den Xtreme Jump beträgt 8 Jahre. Es gibt aber jeden Samstag und Sonntag von 10:00 Uhr bis 12:00 Uhr ein "Kids Jump".

Hier dürfen sich die Kleinen von 38 Jahren austoben. Hier zahlt man pro Person und Minuten. 60 Minuten Springvergnügen kosten 12,00 Euro, 90 Minuten 18,00 Euro und 120 Minuten 22,00 Euro.

Kindermuseum

Das Kindermuseum befindet sich im Edwin-Scharf--Museum. Ein Kunstmuseum das sich mit den Werken von Edwin Scharf, einen bedeutenden Bildhauer aus Neu-Ulm, auseinandersetzt.

Das Kunstmuseum und das Kindermuseum sind durch Medienstationen und Mitmachzonen miteinander verbunden. Das Prinzip des spielerischen Erforschens, das im Kindermuseum wirksam ist, wird so auch in unmittelbarer Nachbarschaft zu den Kunstpräsentationen gezeigt.

Das Museum liegt am Petrusplatz mitten in Neu-Ulm. Nur zehn Minuten vom Münsterplatz entfernt.

Auf rund 500 Quadratmetern werden im Kindermuseum wechselnde Ausstellungen aus allen Aspekten des Lebens dargestellt. Es ging zum Beispiel schon um die Familie, den eigenen Körper oder um den Tod. Die Wissensgebiete wechseln jährlich. Sie sind so konzipiert, das Lernen richtig Spaß macht und fast nebenbei funktioniert. Experimentieren, Forschen, Spielen und Entdecken ist hier ausdrücklich erwünscht. Das Kindermuseum kommt damit der Spielfreude, dem Bewegungsdrang und dem Wissensdurst nicht nur von Kindern entgegen.

Auch im Museum müssen Sie auf nichts verzichten. Ein tolles Café versorgt Sie mit Snacks und Kuchen. Ich habe mir sagen lassen, dass es hier die beste Sachertorte in ganz Ulm geben soll.

Das Besondere ist, dass Kinder bis 18 Jahren freien Eintritt haben. Erwachsene zahlen 5 Euro.

Donaubad

Das am 15.05.1959 eröffnete Donaubad ist das größte Erlebnisbad in der Region Ulm.

Hier finden sie Wellenbecken, Rutschanlagen, einen Strömungskanal, Entspannungsbecken, 25 Meter Schwimmerbecken, Dampfbad und Kleinkinderbereich. Für Wasserratten also ein absoluter Genuss.

Im Thermalbereich stehen ihnen zwei weitere Becken mit Sprudelliegen, Massagedüsen und Thermalwasser zur Verfügung. Und das alles bei angenehmen 36 Grad warmen Wasser.

Im Sommer ist auch das Freibad, welches zum Donaubad dazugehört im Eintrittspreis inbegriffen. Dort befindet sich ein 50 Meter Becken, ein Kleinkindbereich, ein Sprungturm und eine schön angelegte, große Liegewiese. Für Ruhe und Entspannung sorgt die reichlich ausgestattete Saunalandschaft. Hier finden Sie einen Meditationsraum, ein Dampfbad, ein Entspannungsbecken und 6 verschiedene Saunen.

Für Familien lohnt sich besonders der Familientag am Freitag. Erwachsene zahlen für 4 Stunden Aufenthalt 12,00 Euro, Kinder 9,50 Euro und ein Familienticket gibt es ab 21,00 Euro.

Legoland

Wenn Sie ein paar Tage mit Ihren Kindern in Ulm verbringen, denken Sie daran, dass sich das Legoland Günzburg ganz in Ihrer Nähe befindet (ca. 30 km).

Hier erwarten Sie 64 Attraktionen und Tausende Modelle aus Lego, aus mehr als 55 Millionen Lego Steinen. Das reichhaltige Angebot an kindgerechten und familienfreundlichen Attraktionen und Events machen den Park zum idealen Ziel für

Familienausflüge. Der Freizeitpark in Bayern bietet acht verschiedene Themenwelten ein einzigartiges Paradies für junge Piraten, Schatzsucher, Entdecker, Ritter und Freunde der Achterbahn.

Besonders toll finde ich das Miniland. Dieses befindet sich im Zentrum des Parks. Hier können Sie europäische Städte, Wahrzeichen und Landschaften bewundern. Die Modelle werden im Maßstab 1:20 aus über 25 Millionen Lego Steinen nachgebaut. Dazu gehören zum Beispiel auch der Flughafen München, Schloss Neuschwanstein oder die Allianz Arena. Auf Knopfdruck bewegen sich animierte Lego Menschen, Tiere, Schiffe, Autos oder Flugzeuge mit den dazu passenden Geräuschen.

Schön in diesem Freizeitpark finde ich, dass wirklich für jedes Alter der Kinder etwas geboten wird.

Auch für das leibliche Wohl ist im LEGO Land gesorgt. Im Park gibt es drei Restaurants, zwei Cafés, sieben Food-Stände, vier Eisstationen sowie bis zu 17 mobile Stände.

Der Park ist von März bis November, immer von 10.00 Uhr bis 18.00 Uhr geöffnet.

Erwachsene zahlen hier 39,00 Euro für eine

Tageskarte, Kinder bis 11 Jahren 36,00 Euro und Familien mit 4 Personen 36,00 Euro pro Person.

Ich persönlich finde die Preise schon recht stolz. Es lohnt sich jedoch vorher online zu schauen. Meistens bekommt man Prozente bei vorheriger Buchung. Auch gibt es öfters in Zeitschriften oder auf Lebensmitteln Gutscheine für einen ermäßigten Eintritt.

ADEELE...

oder auch Tschüssle wie der Schwabe gerne sagt. Hiermit endet unsere gemeinsame Reise. Ich hoffe, ich konnte Ihnen einen kleinen, aber feinen Einblick in meine Herzensstadt gewähren und Sie begeistern. Ulm ist wirklich eine Reise wert und ich verspreche Ihnen, dass sie mir nach Ihrem Aufenthalt, mit Sicherheit zustimmen werden.

Schaffen Sie es gut!

Herstellung und Verlag:

BoD – Books on Demand, Norderstedt

ISBN: 9783751966825

1. Auflage

Kontakt: Psiana eCom UG/ Berumer Str. 44/ 26844 Jemgum

Covergestaltung: Fenna Larsson

Coverfoto: depositphotos.com